KB

KARIN BOYE

P O E M A S   S E L E C T O S

Selección y traducción de Roberto Mascaró
Prólogo de Lya Ayala

KARIN BOYE

POEMAS SELECTOS

Karin Boye ©
Selección Traducción al español de Roberto Mascaró ©
Prólogo por: Lya Ayala ©
Copyright © Editorial del Gabo, 2015
Colección: Edda #7 / 2015
ISBN: 978-0-692-59506-0

Editor: Andrés Norman Castro
Diagramacion y arte exterior: Sirius Estudio

Editorial del Gabo
San Salvador, El Salvador, Centro América
editorialdelgabo.blogspot.com • ▐ */editorialdelgabo*

Agradecemos que el costo de esta traducción fue sufragado por una
subvención del Gobierno de Suecia a través del Swedish Arts Council
(Consejo Sueco de las Artes)

KULTURRÅDET

POEMAS SELECTOS

La mirada de muerte en la poesía de Karin Boye

¡Socorro, socorro,
qué terribles abismos me desean!
KB

Karin Boye nos abre el corazón de su poesía limpiamente, con ternura y profundo desgarro. Quiero empezar este estudio sobre sus poemas selectos, seleccionados y traducidos por Roberto Mascaró, con la siguiente premisa: Karin nos presenta rota en dos partes su poesía. Dos modos de proponer el texto poético, dos modos de interpretar la realidad. Leer sus versos es empezar muy despacio a descubrirla, luego, no dará tregua con su voz estrepitosa.

Durmiendo sobre las piedras

Karin Boye novelista, traductora y, sobre todo, poeta nace en Gotemburgo, Suecia, el 26 de octubre de 1900. Su vida es intensa, derivada de tomar la vía más compleja para asumir su manera de amar. Boye estudia en la universidad de Upssala de 1921 a 1926, espacio donde desarrolla el compromiso con la literatura: funda la revista Spektrum. Al parecer, el ánimo de lo novedoso, de lo rompedor en Boye la impulsa a presentar en esta revista el surrealismo en Suecia. Posteriormente, en 1931, integra junto a otros artistas la Samfundet De Nio, una sociedad literaria importante en su país.

Boye parece querer buscar a través de su literatura algo más que explique su inconformidad con la realidad sueca de los años veinte. Suecia que permaneció en aparente paz y neutralidad durante la primera y segunda guerra mundial, no dejó, sin embargo, de recibir la presencia alemana en su territorio. Boye comprometida políticamente con el socialismo y lo hace directamente con el grupo Clarté, mostrará sobre todo en su narrativa, la búsqueda de lo insatisfactorio en el ser humano.

Aunque esta reflexión es sobre su poesía, debo detenerme un momento en la narrativa que Boye hizo. Su novela más conocida Kollocaína (1941), cuestiona la insensibilidad de la sociedad de su tiempo, lo contrapone al control que el Estado debe tener sobre los sujetos, así el kollacaín es un suero que provoca en quien lo recibe decir la verdad; dejando al individuo a merced del poder de ese Estado. A partir de este cuestionamiento, Boye se adelanta a su tiempo en el abordaje de temáticas comprometidas con la deshumanización que causan las guerras. Quiero considerar acá que esa insatisfacción la perseguirá constantemente, aunque Boye se casó con Leif Björk, un connotado intelectual sueco, lo deja para acompañarse con Gunnel Bergström. ¿Es relevante en la obra poética y narrativa de Boye su declarado lesbianismo? Seguramente, puesto que la poeta vivió un tiempo convulso y represivo, más adelante en este texto, nos ocuparemos de observar en su poesía esta crisis.

Karin también traduce a T.S Elliot y Walt Whitman puede ser disfrutado en la lengua sueca por la pasión que la poeta siente hacia la literatura en inglés. Boye estudió, además, griego e idiomas nórdicos. Mujer intelectual, comprometida con las causas sociales; sobre todo esto, comprometida con su literatura. Boye escribió hasta el último día. Dejó un legado de relatos, poemas y novelas. Karin Boye se suicidó un 23 de abril de 1941, en su biografía se cuenta que la encontraron descansando sobre una piedra, mirando hacia el horizonte de Alingsas.

Quiero dejar señalados sus libros de poesía más importantes, y de los cuales podremos leer algunos textos en esta selección hecha por Mascaró. Su primer poemario fue Nubes (1922), Para el árbol (1935), Los siete pecados capitales (1941). Tierra Oculta (1924). Vayamos con Boye a explorar el intrincado mundo de la poeta más relevante del siglo XX en Suecia.

De nubes al fondo de las cosas

Me ocuparé en este apartado de entrar en el centro de la poética de Karin Boye y como advertí al inicio poder mostrar cómo se produce esa rotura, esa contradicción a lo largo de su poesía.

Hay primero en Boye una secuencia poética sencilla en la construcción de los versos, atengámonos a la delicada traducción de Roberto Mascaró, pero una fuerza poderosa filosófica y estética en el mensaje que transmite.

Iniciemos con su primer poemario Nubes de 1922, aquí la poeta muestra el uso hábil y transparente de su emoción al escribir:

Nubes

Majestuosas nubes - a través de la vida, a través de la muerte
sonriendo avanzan bajo el brillo de un sol resplandeciente
sin inquietud oculta en un éter claramente limpio,
con dignidad y lento desprecio por su destino.

Si como a ellas me fuese el orgullo otorgado
de poder elevarme a alturas intocadas
y como (vredgat) a mi alrededor donde llegan las tormentas
llevando la diadema del brillo del sol en mi cabeza.

Boye se anuncia a sí misma: su juego de conceptos vida-muerte se avista con bastante claridad. Luego más adelante lo hará con otros conceptos, pero siempre en oposición, lo que vuelve su poesía reflexiva y misteriosa. Reflejo de su lucha y crisis existencial histórica y personal.

Por ejemplo en el poema Aclaración (Förklaring) la observamos desafiando el misterio de la belleza, quizá Boye, en este punto, corría el año 1922, ya emancipaba su hacer como mujer apasionada por la búsqueda de sí misma. Leamos:

En tu belleza hundida
veo la vida explicada
y la respuesta del enigma oscuro
revelada

Y reafirma en el último verso de este poema:

quise morir en tí,
en tu belleza hundida.

Y es que en el trabajo o corpus poético de Boye quiero establecer la profundidad conceptual que la autora procura desde el inicio, por eso es inevitable no ligarla al estado de situaciones que acontecían en su tiempo. Junto a ello, la necesidad de establecer su posición de rebeldía con causa. Ella misma pasaba por profundas indecisiones frente a la realidad. Poeta en todo momento, en este sentido, Boye propone la lucidez de quien asume la originalidad dentro de la poesía.

Veamos en estos dos fragmentos de su poema Los dioses (Gudarna) la crítica al poder, al de los hombres, pero al que ella siente dentro sí misma:

Los carros de los dioses
no sacuden las nubes,

Y cierra

¡No llames por sus nombres!
Ellos huyen, te dejan
ahíta de palabras
en un mundo vacío.

No quiero desligarme en ningún momento en este estudio de la poesía de Boye, quiero llevarla junto a mis apreciaciones continuamente, para que ella nos relate y nos conduzca a hacia su mundo poético. Dije que la poeta se rompía en dos a medida que escribe sus textos. Ya para el siguiente poemario Tierra Oculta, de 1924, el lenguaje en Boye sigue siendo limpio, trabajado; pero adquiere más destreza. Versos largos, complejos y depurados, adquieren fuerza en la continua alusión al desgarro. Creo que la interpretación de su lectura se carga de visiones desesperanzadoras. Entonces, la poeta es ante todo una observadora de su tiempo, y de sí misma. No teme lo que le acontece, porque lo asume y vive. Leamos estos versos donde nos permite ver su estremecimiento:

Te vas, y nada de mí llevas contigo
-a la derrota me abandonas.

(…) tan acabado como cosa muerta y tan cambiante,

(…) Quisiera haberte despertado a la amorfa llama vacilante
que encuentra al fin su forma viva, propia...
¡Oh derrota, derrota!

La rotura de la poesía en Boye está claramente especificada en la necesidad de expresar a en la estética de la muerte el control de la realidad a través de ese anhelo. No quiero hacer especulaciones acerca del lesbianismo de Boye, y posibles implicaciones, ella pudo vivenciarlo en un tiempo donde estaba prohibido en su país, sino ver en su intensa y diáfana poesía a una poeta que amaba y que decide desde sí misma abandonar lo amado. Leyendo los últimos textos reunidos en este libro podemos comprender que así lo había decidido.

Difícil ser incierta, miedosa y dividida,
difícil sentir la profundidad que jala y llama,
sin embargo quedar sólo temblando
-difícil desear permanecer
*   y desear caer.*

Y (…) Si escucho, oigo huir la vida
ahora y cada vez con más premura.
Los pasos tranquilos tras de mí
-eres tú, muerte.

Finalmente, Boye escribe estos versos íntimos y provocadores:

Querida muerte, algo hay en tu esencia
que es un dulce consuelo:

¡cómo preguntas si uno ya ha crecido
o ha perdido su vida!

Boye debe llegar como todo en su vida HASTA EL FONDO DE LAS CO-SAS. El primer verso de su poema la muestra a ella sin ambages, pura y cristalina. No como otra poeta suicida, sino como la mujer rota, humana y conocedora de su historia. Boye se rompe, sí, pero en la poesía, comprometida. Vida y muerte, lucha y libertad. Así es la poesía de Karin Boye.

Leí en el periódico que alguien había muerto, alguien de quien conocía
//el nombre.
Ella como yo vivió, escribió libros, como yo envejeció y ahora está muerta.

(...) Pero una gran justicia yace escondida al fondo de las cosas.
Todos tenemos una gracia que esperar -un don que nadie arrebata.

Lya Ayala
Poeta Salvadoreña

De

Moln (Nubes),1922

Moln

Se de mäktiga moln, vilkas fjärran höga toppar
stolta, skimrande resa sig, vita som vit snö!
Lugna glida de fram för att slutligen lugnt dö
sakta lösande sig i en skur av svala droppar.

Majestätiska moln - genom livet, genom döden
gå de leende fram i en strålande sols sken
utan skymmande oro i eter så klart ren,
gå storstilat, stilla förakt för sina öden.

Vore mig det förunnat att högtidsstolt som dessa
kunna lyfta mig upp, dit ej världarnas jäkt når
och hur vredgat omkring mig än stormarnas brus går
bära solskimrets gyllene krans omkring min hjässa.

Nubes

¡Mira las poderosas nubes, cuyas cumbres distantes
orgullosas, se levantan brillantes, blancas como la nieve!
En calma se deslizan para morir en calma al fin,
disolviéndose lentas en un chaparrón de frescas gotas.

Majestuosas nubes - a través de la vida, a través de la muerte
sonriendo avanzan bajo el brillo de un sol resplandeciente
sin inquietud oculta en un éter claramente limpio,
con dignidad y lento desprecio a su destino.

Si como a ellas me fuese el orgullo otorgado
de poder elevarme a alturas intocadas
y como enfurecidas a mi alrededor donde llegan tormentas
solo llevando la diadema del sol en mi cabeza.

Du är min renaste tröst

Du är min renaste tröst,
du är mitt fastaste skydd,
du är det bästa jag har,
ty intet gör ont som du.

Nej, intet gör ont som du.
Du svider som is och eld,
du skär som ett stål min själ -
du är det bästa jag har.

Tú eres mi consuelo más puro

Tú eres mi consuelo más puro,
tú eres mi más firme protección,
de lo que tengo, tú eres lo mejor
-pues nada duele tanto como tú.

No, nada duele tanto como tú.
Tú quemas como hielo y como fuego,
tú cortas mi alma como acero:
de lo que tengo, tú eres lo mejor.

Förklaring

I din skönhet sänkt
ser jag livet förklarat
och den mörka gåtans svar
uppenbarat.
I din skönhet sänkt
bedja jag vill.
Världen är helig,
ty du är till.
Andlös av klarhet,
ljusfördränkt,
ville jag dö hos dig,
i din skönhet sänkt.

Aclaración

En tu belleza hundida
veo la vida explicada
y la respuesta del enigma oscuro
revelada.
En tu belleza hundida
yo quiero rezar.
El mundo es sagrado,
ya que tú existes.
Ahogada en claridad,
en la luz hundida,
quise morir en tí,
en tu belleza hundida.

Gudarna

Gudarnas vagnar,
skaka ej molnen,
de glida tysta
fram som strålar.
Gudarnas steg äro
svårhörda
som gräsets knappt
förnumna sus.
Varsamt, varsamt
följ du de stigar,
som dofta av deras
läkande närhet.
Ropa ej namn!
De fly, de lämna dig
ordfylld
i en tom värld.

Los dioses

Los carros de los dioses
no sacuden las nubes,
avanzan silenciosos
fluyendo como rayos.
Los pasos de los dioses
sordos,
como el susurro
apenas presentido de la hierba.
En calma, en calma
sigues esos senderos
que tienen el aroma
de cercanía que sana.
¡No aclames sus nombres!
Ellos huyen, te dejan
ahíta de palabras
en un mundo vacío.

Dröm

Skymning över en okänd stig...
Färglösa mullväxter,
stora svampar
spira ur marken, där ljudet kvävs.
Slingrande kala stammar
sträcka sig upp och försvinna i mörkret.
Hör det hemska suset där uppe,
som aldrig tystnar!

Nyss i solen
sjöng jag på blommande ängar
Pan, Pan, den store Pan.
Hånfullt viska nu
kärrens susande bubblor:
"Här i de hemliga djupens skog,
här är också hans boning!
Vågar du ännu sjunga
Pan, den store Pan?"

Hjälp, min fot sjunker!
Gungfly är marken,
Ruvande lura
svarta vatten, halvt i sömn,
orörliga, outgrundliga,
på mig, sitt rov.
Alarnas ormlika stammar,
vuxna ur våta kärret,
vrida sig kvidande hit och dit.
Ångesten sträcker sig ur dyiga vatten
händer, svarta och knotiga,
lika de fuktdrypande
murkna grenar, där mossan gror.
Hjälp, o hjälp, vilka hemliga
djup, som begära mig!

Likväl - är det ej blommors doft?
Runt omkring över mörka kärr
lysa knoppar,
vita knoppar -
o de slå ut, de slå skimrande ut!
Min fot får fäste bland vita kalkar,

Sueño

Anochecer sobre un sendero desconocido...
Humus incoloro,
grandes hongos,
espiras de la tierra donde se ahoga el sonido.
Fríos troncos que serpean
se extienden hacia arriba y desaparecen en lo oscuro.
¡Escucha el zumbido terrible de allá arriba
que nunca cesa!

Hace poco en el sol
cantaba yo por prados floridos,
Pan, Pan, el gran Pan.
Susurran de odio ahora
las burbujas zumbantes del pantano:
"¡También en el secreto bosque de lo hondo
vive!
¿Por qué aún no cantas
a Pan, al gran Pan?"

Socorro, mi pie se hunde,
movediza es la tierra,
medita su engaño
el agua negra, semidormida,
inmóvil, impenetrable
sobre mí, soy su presa.
Troncos de álamos como serpientes,
crecidos en el mojado humus,
se retuercen gimiendo aquí y allá.
La angustia se extiende desde manos
barrosas, negras y nudosas,
como goteantes ramas podridas donde crece el musgo.
¡Socorro, socorro,
qué terribles abismos me desean!

Al mismo tiempo ¿no hay aroma de flores?
Alrededor, en oscuros pantanos,
capullos claros,
capullos oscuros,
¡se abren, tan claros!
Mi pie se afirma en blancos cálices

och över djupen far ett sken -
det ljuvaste löje.
Böj dig, hjärta,
böj dig och tillbed!
Här i de hemliga djupens skog
sjunger jag Pan,
sjunger jag bävande
Pan, Pan, den store Pan!

y por el abismo pasa un resplandor:
la más bella sonrisa.
¡Inclínate, corazón,
inclínate a rezar!
¡Aquí en el secreto bosque de lo hondo
le canto a Pan,
le canto trémula,
Pan, Pan, el gran Pan!

Inåt

Min Gud
och min sanning
såg jag
i en sällsam stund.
Mänskors ord
och bud tego.
Gott och ont
min själ glömde.
Min Gud
och min sanning
drack jag
i min ängslans stund.
Min Gud
var salt mörker,
min sanning
hård metall.
Djupt skalv jag.
Naken stod jag,
sköljd av vågor
av kall sanning,
kall, stark,
föraktfull sanning -
min Sanning
och min Gud.

Hacia adentro

Yo vi
a mi Dios
y a mi verdad
en un instante singular.
Palabras
y mensajes
humanos
callaron.
Mi alma olvidó
el bien y el mal.
Mi Dios
y mi verdad
bebí
en mi tiempo de angustia.
Mi Dios
era oscuridad salada,
mi verdad
duro metal.
Temblé profundamente.
Estaba desnuda,
mojada por olas
de fría verdad,
fría, fuerte,
desafiante verdad
-mi Verdad
y mi Dios.

Bed om ett

Bed om ett:
djupt allvar
- det som blev mångens bane -
Men bed om ännu ett därutöver,
ett, som blott de starka förunnas:
hjärtats tystlåtenhet.

Pedí una cosa

Pedí una cosa:
profunda seriedad
-fue la ruina de muchos.
Aun pedí otra cosa,
una que es sólo concedida a los fuertes:
mudez del corazón.

De

Härdarna *(Los núcleos),1927*

Kunskap

Alla de försiktiga med långa håvar
träffar havets jätteskratt.
Vänner, vad söker ni på stranden?
kunskap kan aldrig fångas,
kan aldrig ägas.

Men om du rak som en droppe
faller i havet att upplösas,
färdig för all förvandling -
då skall du vakna med pärlemorhud
och gröna ögon
på ängar där havets hästar betar
och vara kunskap.

Conocimiento

Todos esos prudentes de largas redes,
se encuentran con la gran risa del mar.
Amigos, ¿qué buscan en la playa?
El conocimiento no se puede atrapar,
no se puede poseer.

Pero si tú, derecha como gota
caes al mar para ser disuelta,
dispuesta para el cambio,
entonces despertarás con piel de ostra
y ojos verdes
en prados donde pacen los caballos del mar
y serás conocimiento.

Fördärvaren

Mig leder en ormblick, stel, grym -
stirrar mig till mötes ur det fjärmaste fjärran,
styr mina steg i det närmaste nära,
håller mig fången i kuvande skrämsel,
binder viljan...

Vem gav ormen hans fruktansvärda skönhet,
avgrunden dragning,
döden sötma?
Vem gav fasan den ödesdigra ljuvlighet,
som lockar lik en mörkare lycka?

Kanske där bortom, vid de eviga källorna,
där slöjorna faller,
möter mig Fördärvaren i annan gestalt.
Är du Guds skugga, du onde?
Guds nattlige tvillingbroder?

El destructor

Me guía una mirada de serpiente, fría, cruel,
me mira fijamente desde la más lejana lejanía,
guía mis pasos en la más cercana cercanía,
me tiene presa en un miedo aplastante,
ata mi voluntad...

¿Quién dio a la serpiente su terrible belleza,
atracción del abismo,
dulzura de la muerte?
¿Quién le ha dado al terror el terrible deleite
que tienta como una dicha oscura?

Quizá en el más allá, junto a fuentes eternas,
donde los velos caen,
me encuentre el Destructor bajo otra forma.
¿Eres tú, maldad, sombra de Dios?
¿Gemelo nocturno de Dios?

Liliths sång

Molnen hänger tunga,
mognar i ljumma mörkret, där de göms,
nattblåa druvors klunga,
tunga av vin, som tyst över jorden töms,
tunga av Djupets vin,
tunga av hemlig makt,
sugen ur hav och himmel
och bitter dagg i det yttersta mörkrets trakt.

Livets heta ånga
tätnar i droppar, faller i dödstyst natt.
Lyft bägarn! Du ska fånga
nyckeln dit, där ingen sin fot har satt -
landet, där anden löst
bortanför tidens gräns
smakar i evigheter
ting som aldrig anas och syns och känns.

Bakom vakna världar
sjuder främmande hav av lust och ve,
världsdjupens smideshärdar,
varur sprang som ett stänk vad vi kan se.
Vågar du vägen dit,
banad i fasans rus?
Skräckslagen, salig
når du de eviga Mödrarnas mörka hus...

Flarn på vida vatten,
Djupets blomma, som aldrig såg sin rot,
dagslända skygg för natten -
en gång tar dig Mödrarnas natt emot!
Döden är svart av kval.
Döden är vit av lust.
Sänkt i hans susande vågor
glömmer du livets bleka töckenlust.

El canto de Lilith

Nubes cuelgan pesadas,
maduran en la tibia oscuridad, donde se ocultan
racimos de uvas de nocturno azul
grávidas de vino, que en silencio se vacían en la tierra,
grávidas del vino de la Profundidad,
grávidas de poder secreto
succionado de mar y cielo
y amargo rocío en la región de la última tiniebla.

El vapor caliente de la vida
se reúne en gotas, cae en la noche mortalmente silenciosa.
¡Alza la copa! Vas a atrapar
la llave de donde nadie ha puesto su pisada
-la tierra donde el espíritu, libremente,
más allá de los límites del tiempo,
goza por eternidades
cosas que nunca se imaginan, ni se ven, ni se sienten.

Detrás de mundos en vigilia
hierven extraños mares de deseo y maldición,
hornos de fundición de las profundidades,
de los que saltó, como una salpicadura,
cuanto podemos ver.
¿Te atreves a recorrer ese camino
trazado en arrebato del horror?
Aterrorizada, bienaventurada,
llegarás a las oscuras casas de las Madres eternas...

Frágil sobre anchas aguas,
flor de Profundidad, nunca vio su raíz,
libélula de un día, miedosa de la noche,
¡un día ha de recibirte la noche de las Madres!
Muerte negra de queja.
Muerte blanca de deseo.
Sumergida en sus olas susurrantes
olvidas el pálido deseo alocado de la vida.

De

Gömda land *(Tierra oculta)*, 1924

Segern

Segern, segern har ingen röst,
inget rusande jubelbrus.
Finns det så enkla och jämna vägar
så nyktert sparsamt ljus?

Segern, segern har ingen färg.
Mot hans blick synes prakten arm.
Stilla och blek i sin bleka gloria
lider han hem ur lögn och larm.

Segern, segern är sällan sedd,
drar förbi som en andegäst.
Salig är den, som hans klara skepnad
väntar och ljus vid dödens fest.

El triunfo

El triunfo, el triunfo no tiene voz ninguna,
ningún clamor frenético de júbilo.
¿Existen caminos tan sencillos y llanos
bajo esa luz tan sobriamente austera?

El triunfo, el triunfo no tiene color.
Frente a su mirada, la opulencia parece lastimosa.
Sereno y pálido en su pálida aureola
se aleja, silencioso, de la mentira y el estrépito.

El triunfo, el triunfo, es raramente visto,
pasa de largo como un fantasma.
Bienaventurado aquel a quien espera
su claro espectro y luz en la fiesta de la muerte.

Till en vän

På utbredda vingar i vidderna seglar örnen.
Luften är tunn, där han glider, och svår att andas.
I fjällvinterns ödsliga luft är han ensam vida.
Skymning och köld är hans följe -
hans enda glädje
glädjen att känna sig flyga på starka vingar.
Så högt färdas du i de tommaste vinterhimlar,
tapper som örnen i kraft av en ljungeldsvilja.
Du avstod att sträva till lycka, du valde stigar
branta, som skrämmer oss veka.
Så blek du vandrar,
vandrar med snabba och spänstiga steg som vinden.
Min värld liknar din, och den liknar den ändå inte.
Skrattande dansar min stjärna bland stjärnegåtor.
Din järngråa glädje, den älskar jag långt ur fjärran.
Låt mig få gå vid din sida
och nå med blicken
in i din vintriga värld och din ljungeldsvilja!

A una amiga

Con alas extendidas vuela el águila por los anchos espacios.
Donde ella se desliza el aire enrarecido hace difícil la respiración.
Está muy sola en el aire desolado de las montañas invernales.
Crepúsculo y frío son su séquito-
su única alegría,
la alegría de sentirse volar con alas poderosas.
Así de alto vuelas en los más vacíos cielos invernales,
valiente como el águila gracias a una voluntad de rayo.
Renunciaste a la búsqueda de la felicidad, elegiste senderos
escarpados, que a nosotros, los débiles, nos asustan.
Qué pálida caminas,
caminas con pasos rápidos y ágiles como el viento.
Mi mundo se parece al tuyo, y sin embargo no se le parece.
Riéndose danza mi estrella entre misterios estelares.
Tu alegría gris férrea, la amo en la más profunda lejanía.
¡Déjame andar a tu lado
y penetrar con la mirada
en tu mundo invernal y tu voluntad de rayo!

De

För trädets skull (Por el árbol), 1935

Avsked

Jag ville ha väckt dig till en nakenhet som en naken förvårskväll,
då stjärnorna svämmar över
och jorden brinner under smältande snö.
Jag vill ha sett dig en enda gång
sjunka i det skapande kaos' mörker,
ville ha sett som vidöppen rymd dina ögon,
färdiga att fyllas,
ville ha sett som utslagna blommor dina händer,
tomma, nya, i väntan.

Du går, och ingenting av detta har jag givit dig.
Jag nådde aldrig dit, där ditt väsen ligger bart.
Du går, och ingenting av mig tar du med dig -
lämnar mig åt nederlaget.

Ett annat avsked minns jag:
vi slungades ur degeln som ett enda väsen,
och när vi skildes, visste vi inte längre
vad som var jag och du...

Men du - som en skål av glas har du lämnat min hand,
så färdig som bara det döda tinget och så föränderlig,
så utan andra minnen än de lätta fingeravtryck,
som tvättas bort i vatten.

Jag ville ha väckt dig till en formlöshet som en formlös fladdrande låga,
som finner sist sin levande form, sin egen...
Nederlag, å nederlag!

Despedida

Hubiese querido despertarte a una desnudez de desnuda primavera
//temprana,
cuando las estrellas se derraman
y la tierra arde bajo nieve licuándose.

Quisiera haberte visto una sola vez
hundiéndote en las tinieblas del caos creador,
quisiera haber visto tus ojos como espacio abierto de par en par,
dispuestos a llenarse,
quisiera haber visto tus manos como flores abiertas,
vacías, nuevas, en espera.

Te vas, y nada de eso te he dado.
Nunca llegué hasta allí, donde tu ser yace desnudo.
Te vas, y nada de mí llevas contigo
-a la derrota me abandonas.

Otra despedida yo recuerdo:
del crisol nos lanzaron como un único ser,
y al separarnos, ya no supimos
lo que era yo y lo que eras tú...

Pero tú -como un vaso de cristal has dejado mi mano,
tan acabado como cosa muerta y tan cambiante,
así, sin otros recuerdos que leves huellas dactilares
que se pierden en el agua.

Quisiera haberte despertado a la amorfa llama vacilante
que encuentra al fin su forma viva, propia...
¡Oh derrota, oh derrota!

Ja visst gör det ont

Ja visst gör det ont när knoppar brister.
Varför skulle annars våren tveka?
Varför skulle all vår heta längtan
bindas i det frusna bitterbleka?
Höljet var ju knoppen hela vintern.
Vad är det för nytt, som tär och spränger?
Ja visst gör det ont när knoppar brister,
ont för det som växer
        och det som stänger.

Ja nog är det svårt när droppar faller.
Skälvande av ängslan tungt de hänger,
klamrar sig vid kvisten, sväller, glider -
tyngden drar dem neråt, hur de klänger.
Svårt att vara oviss, rädd och delad,
svårt att känna djupet dra och kalla,
ändå sitta kvar och bara darra -
svårt att vilja stanna
        och vilja falla.

Då, när det är värst och inget hjälper,
brister som i jubel trädets knoppar,
då, när ingen rädsla längre håller,
faller i ett glitter kvistens droppar,
glömmer att de skrämdes av det nya,
glömmer att de ängslades för färden -
känner en sekund sin största trygghet,
vilar i den tillit
        som skapar världen.

Claro que duele

Claro que duele cuando se abren los brotes
¿Por qué si no, la primavera duda?
¿Por qué nuestro cálido deseo
se une a palidez amarga y fría?
Claro que el brote fue vaina en el invierno.
¿Qué es eso nuevo, que estalla y socava?
Claro que duele cuando se abren los brotes
dolor de lo que crece
          y de eso que cierra.

Por cierto, es difícil cuando las gotas caen.
Tiemblan de angustia y pesadas cuelgan,
se aferran a la rama, se hinchan, resbalan
-el peso las jala hacia abajo, aunque se adhieran.
Difícil ser incierta, miedosa y dividida,
difícil sentir la profundidad que jala y llama,
sin embargo quedar sólo temblando
-difícil desear permanecer
          y desear caer.

Entonces, cuando todo es peor y nada ayuda
rompen como en júbilo los brotes,
Entonces, cuando ningún temor aguanta,
caen entre brillos las gotas de la rama,
olvidan su temor ante lo nuevo,
olvidan su ansiedad por ese viaje
-se sienten más seguras un segundo,
descansan en la fe
          que crea el mundo.

De

De sju dödssynderna (Los siete pecados capitales), 1941

De lugna stegen bakom

Lyssnar jag, hör jag livet fly
ständigt snabbare nu.
De lugna stegen bakom -
död, det är du.

Förr var du långt borta -
jag höll dig alltför kär.
Nu, när jag inte längtar längre,
nu är du här.

Käre död, där finns i ditt väsen
något som tröstar milt:
vad frågar du efter om man vuxit stor
eller hela livet spillt!

Käre död, där finns i ditt väsen
något som renar klart:
det som är lika hos onda och goda
lägger du blott och bart.

Följ mig och låt mig hålla din hand,
det lugnar djupt och gott.
Det vackra gör du bärande stort,
det fula gör du smått.

Det är som du ville mig något.
En gåva vill du visst ha:
en underlig liten nyckel -
det lilla ordet ja.

Ja, ja, jag ville!
Ja, ja, jag vill!
Min fromhet lägger jag ner för din fot -
så växer livet till.

Los pasos tranquilos tras de mí

Si escucho, oigo la vida huir
ahora y cada vez con más premura.
Los pasos tranquilos tras de mí
-eres tú, muerte.

Antes eras lejana
-demasiado te amaba.
Ahora que no te extraño,
ahora estás aquí.

Querida muerte, algo hay en tu esencia
que es un dulce consuelo:
¡cómo preguntas si uno ya ha crecido
o ha perdido su vida!

Querida muerte, algo hay en tu esencia
algo que aclara y limpia:
lo que en buenos y malos es igual
descubres tú y desnudas.

Sígueme y tómame la mano,
eso calma profunda y buenamente.
Tú de lo bello haces gran soporte,
lo feo lo haces pequeño.

Es como si de mí quisieras algo.
Un regalo sí quieres:
extraña llavecita
la palabrita sí.

¡Sí, sí, yo quise!
¡Sí, sí, yo quiero!
Mi devoción deposito a tus pies
-así crece la vida.

På botten av tingen

Jag läste i tidningen att någon var död, någon som jag kände till namnet.
Hon levde, som jag, skrev böcker, som jag, blev gammal, och nu är hon
//död.

Tänk att nu vara död och ha lämnat bakom sig allt,
ångest, fasa och ensamhet, och den oförsonliga skulden.

Men en stor rättvisa ligger gömd på botten av tingen.
Alla har vi en nåd att vänta - en gåva som ingen rövar.

Al fondo de las cosas

Leí en el periódico que alguien había muerto, alguien de quien conocía
//el nombre.
Ella como yo vivió, escribió libros, como yo envejeció y ahora está
//muerta.

Pensar en estar muerta ahora y haber dejado todo atrás,
angustia, terror y soledad, y la implacable culpa.

Pero una gran justicia yace escondida al fondo de las cosas.
Todos tenemos una gracia que esperar -don que nadie arrebata.

La Autora

Karin Boye (26 de octubre de 1900 – 24 de abril de 1941) Poeta y novelista sueca. Fue miembro del grupo socialista y antifascista Clarté. Entre 1929 y 1934 Boye estuvo casada con Leif Björck. En 1932, después de separarse de su esposo, tuvo una relación con Gunnel Bergström, quien dejó a su esposo por ella. Karin Boye tuvo un importante papel en la traducción y difusión de la obra de T.S. Eliot al sueco. Su novela "Crisis" muestra su crisis religiosa y su lesbianismo. En sus novelas "El despertar de los méritos" y "Muy poco" explora el juego de roles masculino y femenino. Fuera de Suecia, su obra más conocida es la novela "Kallocain" que retrata una sociedad antiutópica inspirada en la Alemania Nazi. Boye se suicidó tomando somníferos después de abandonar su casa el 23 de abril de 1941.

La Prologuista

Lya Ayala (San Salvador, 1973). Poeta y periodista. Aparece en las antologías Alba de Otro Milenio (El Salvador, 2000), Otras Voces (El Salvador, 2011), El Libro del Voyeur (España 2010), Lunáticos, poetas Noventeros de la posguerra (El Salvador, 2012), Ventanas (El Salvador, 2012), Verde (El Salvador, 2002). Ha escrito Verde, Arrecife, Rojas las palabras, Piel del mar, Memorial del árbol. Ha publicado su obra en Nicaragua y México. Actualmente es maestra universitaria, periodista independiente, maestra en comunicaciones de la Universidad "Centroamericana José Simeón Cañas" UCA.

El Traductor

Roberto Mascaró (Uruguay, 1948) es poeta y traductor. Actualmente se dedica a la traducción de literatura en lenguas nórdicas, dirige el Taller Arte de la Traducción y el programa radial Taller de Letras en la ciudad de Malmö, Suecia. Como poeta ha publicado 16 libros en Uruguay, Suecia, Colombia, Venezuela y El Salvador. También ha publicado más de treinta volúmenes de traducciones, entre ellas obras de Tomas Tranströmer, August Strindberg, Öyvind Fahlström, Ulf Eriksson, Tomas Ekström, Jan Erik Vold, Edith Södergran y Henry Parland. Traductor del Premio Nobel de Literatura 2011, el sueco Tomas Tranströmer.

*9 780692 595060 *